AF315326

OBSERVATIONS

POUR Meſſire PIERRE-HERMAND DOSQUET, ancien Evêque de Quebec, le plus ancien des Directeurs du Séminaire des Miſſions Etrangeres à Paris, & ancien Procureur Général des Miſſions & Vicaires Apoſtoliques à Rome, Défendeur, Intervenant & Demandeur.

CONTRE *les Supérieur & Directeurs dudit Séminaire,* Intimés & Défendeurs.

MM. les Evéques Vicaires Apoſtoliques du Tunquin & des Indes, Intervenans & Adhérans à l'Appel comme d'abus.

Et Meſſires Girard & Manack, Miſſionnaires dudit Séminaire des Miſſions Etrangeres à Paris, Appellans comme d'abus, Demandeurs & Défendeurs.

JAMAIS il ne ſe ſeroit élevé de conteſtation entre les Miſſionnaires & les Directeurs du Séminaire des Miſſions étrangeres, ſi ces Directeurs avoient toujours penſé comme M. l'Evêque de Quebec, & que moins occupés du deſir d'étendre les prérogatives de leur état, ils ſe fuſſent uniquement livrés au ſoin

d'en remplir les devoirs. Alors, fans attendre qu'on leur oppofât des titres, ils n'auroient eu qu'à con-fulter la raifon & leur cœur; les plaintes des Miffion-naires auroient été ou prévenues ou fuivies d'une prompte fatisfaction.

La raifon feule eût fait fentir aux Directeurs combien il feroit inconféquent que des fonds donnés pour l'éta-bliffement & le foutien d'un Corps de Miffionnaires, euffent paffés à des étrangers à l'œuvre des Miffions, & que ceux à qui ces fonds ont été deftinés n'y euffent aucun droit.

Leur cœur eût rejetté fans doute l'idée auffi barbare qu'injufte, que des Miffionnaires, pour qui ces Fonda-tions ont été faites, puiffent être privés, par des perfon-nes abfolument étrangeres au corps & à l'œuvre des Miffions, des fecours que ces Fondations doivent leur affurer à leur retour de ces Miffions, auxquelles ils ont confacré leur jeuneffe & leur fanté, defquelles fi peu reviennent.

L'intérêt & l'ambition ont prévalu fur ces motifs. Les Miffionnaires portés par leur zele aux extrémités du monde, n'ont plus été que des étrangers aux yeux des Directeurs : ceux-ci peu contens d'être affociés aux travaux & aux mérites des Miffionnaires, & d'y concourir en qualité de leurs Procureurs, ont cher-ché à s'approprier une partie des fondations, & à s'at-tribuer même la difpofition de l'autre partie.

Les Miffions en ont d'abord gémi dans le fecret; bientôt elles ont fait aux Directeurs les repréfentations les plus vives, les reproches même n'ont pas été épargnés; mais tous ces moyens se trouvant impuissans; enfin elles ont eu recours à la Justice ouverte, & se font pourvues en la Cour.

M. l'ancien Evêque de Quebec a été assigné à la requête des sieurs Girard & Manack, pour voir déclarer commun avec lui l'Arrêt à intervenir sur l'appel comme d'abus, qu'ils ont interjetté des Réglemens faits & dressés en 1716 par les Supérieur & Directeurs dudit Séminaire.

Lorsque les Srs Girard & Manack ont mis en cause M. l'Evêque de Quebec, ils ne l'avoient assigné que sous cette derniere qualité, ils ne connoissoient pas en lui un autre titre, qui lui donne avec eux un rapport plus immédiat, & un droit bien plus incontestable dans la cause.

Commençons par établir ce titre de M. l'Evêque de Quebec. Il est Directeur du Séminaire des Missions étrangeres, il est le plus ancien des Directeurs; voilà en quelle qualité il paroît dans la cause, & à cet égard son droit ne peut être équivoque. Il devint Directeur, vers l'année 1724, par la même voie qui y a conduit tous ceux qui en remplissent aujourd'hui les fonctions, c'est-à-dire, qu'il fut choisi, élu & nommé à cette place, par ceux qui composoient alors l'assemblée des Directeurs. Il pourroit ajouter qu'il y fut confirmé par le consentement des Missions, qui le reconnurent pour Directeur, en l'agréant sous ce titre, pour leur Procureur général en Cour de Rome. Une fois Directeur, il n'a pu cesser de l'être qu'en tombant dans quelqu'un des cas d'exclusion marqués dans le Réglement qui doit faire la loi des Directeurs sur ce point.   A ij

Ces cas, au nombre de quatre, sont exposés en ces termes, chap. 3 , n. 4 : » Les causes d'exclusion » seront, 1°. de tomber dans des sentimens hérétiques » ou erronés, & d'y persévérer opiniâtrément ; 2°. de » mener une vie scandaleuse, ou commettre quelque » crime énorme, qui vienne à la connoissance du » Public. 3°. De se procurer, ou même d'accepter » l'Episcopat & le Vicariat Apostolique contre la » volonté des Supérieurs des Missions. 4°. De rece- » voir, contre la volonté des mêmes Supérieurs, le » Provicariat de quelque Evêque ou Vicaire Aposto- » lique, *qui ne seroit pas uni au Séminaire* « : ces der- niers mots sont remarquables & bien intéressants pour la décision de la Cause.

On n'a fait à M. l'Evêque de Quebec, & on ne pouvoit lui faire aucuns reproches sur les deux der- niers Chefs, il ne pensera pas à écarter de lui les deux premiers. Il est donc encore Directeur du Sé- minaire, puisqu'il l'a été, & n'a pas cessé de l'être. Si les autres Directeurs entreprirent en 1736 de lui contester sa qualité, sous prétexte qu'il étoit Evêque, bientôt ils sentirent leur tort, & le 6 Mai 1737, ils reconnurent capitulairement M. l'Evêque de Quebec pour Directeur ordinaire. Il est vrai qu'en 1746, les mêmes Directeurs lui fermerent la porte du Sémi- naire, mais une voie de fait ne sçauroit nuire qu'à ceux qui l'employent, & n'opera jamais rien de legal con- tre ceux qui la souffrent.

Les observations que M. l'Evêque de Quebec se réserve de faire, plus bas, sur ces deux points, en ré- pondant aux Directeurs, acheveront de mettre sa qualité & fes droits hors de toute atteinte. Mais ce n'eft pas cet intérêt qui l'occupe en ce moment.

La certitude où il a toujours été que cette entreprife des Directeurs n'avoit point préjudicié à fes droits, l'amour de la paix, à laquelle il s'eft toujours fait un devoir de tout facrifier, hors la vérité, la crainte de nuire à la réputation de Collégues, pour qui leur conduite à fon égard, n'avoit point affoibli fes fentimens, enfin le peu d'avantage que les Miffions auroient pû fe promettre, dans ces circonftances, de fon fuccès contre les Directeurs, avoient arrêté jufqu'à préfent l'action qu'il étoit en droit d'intenter contre eux ; une nouvelle raifon pour lui de la fufpendre encore, c'eft le reproche qu'il fe feroit de retarder un feul inftant la décifion de cette Caufe, qui doit affurer le fort & l'état des Miffions & des Miffionnaires, & qui ne peut être trop prompte.

Ce n'eft donc pas pour former fa plainte contre la violence que les Directeurs exercerent contre lui en 1746, ni pour en pourfuivre la jufte réparation, qu'il a droit d'en attendre, qu'il s'adreffe maintenant à la Cour, il lui fuffit d'avoir préfenté & établi fes droits ; un motif plus grand & plus digne de lui l'anime.

Si par les vûes de prudence qu'il vient d'expofer, dont il a déja foumis une partie, & qu'actuellement il foumet toutes à la fageffe de la Cour, fi par ces vûes & fous toute réferve de fes droits & actions, il n'avoit pas cru que le tems d'agir fût encore venu pour lui, s'il n'a pas cru devoir fe rendre partie contre les Directeurs dans cette Caufe ; Encore moins a-t-il cru

pouvoir réfufer aux droits des Miffionnaires le témoignage, & à leurs demandes le confentement que
lui dictoit fa confcience, d'après la connoiffance qu'il
a prife par lui-même de l'établiffement du Séminaire,
de fon origine, & de fon objet, & ce qu'il en avoit
appris dans fes fréquentes conférences avec les fieurs
Thiberge & Brifacier, qui étoient à la tête de cette
Maifon au commencement de ce fiécle, & dont même
l'un avoit vécu avec les premiers Directeurs.

M. l'Evêq. de Quebec avoit pû fe taire, tandis que fes
feuls droits paroiffoient compromis ; mais aujourd'hui
que les Miffionnaires portent leurs prétentions en la
Cour, & qu'il eft mis en caufe, il auroit craint en fe tai-
fant de trahir fes devoirs les plus effentiels, de fe rendre
refponfable envers les Miffionnaires du préjudice qu'il
leur auroit pû porter ; envers les Magiftrats, de la
vérité qu'il leur auroit cachée, & que l'augufte puif-
fance qu'ils exercent les met en droit d'exiger de tout
Citoyen ; envers Dieu de la perte de tant d'ames, à
la converfion & au falut defquelles les Miffionnaires
font dévoués, mais auxquelles les divifions & les abus
qui regnent dans l'adminiftration du Séminaire, enle-
vent tous les jours les fecours qu'elles attendoient.
Pouvoit-il donc en fa qualité de Directeur fe difpen-
fer d'élever fa voix en cette caufe ?

Mais en rempliffant cette obligation de juftice, il
n'oublia point les égards que prefcrivent la charité
& la bienféance. Il reconnut formellement les droits
des Miffionnaires, il le devoit ; mais il eut foin d'écarter tout ce qui s'offroit de choquant & de perfonnel

contre les Directeurs. Il lui convenoit de leur donner cet exemple de ménagement , ils n'ont pas jugé à propos de le suivre.

Voici comment M. l'ancien Evêque de Quebec s'exprimoit dans sa Requête signifiée le 8 Juin de la présente année : « il a toujours reconnu & reconnoît ,
» que le Séminaire des Missions étrangeres & tous ses
» biens appartiennent incontestablement & indivisi-
» blement au Corps des Missions , Evêques , Vicaires
» Apostoliques & Missionnaires autorisé par Lettres
» Patentes de 1663 ; que lesdits sieurs Vicaires Apos-
» toliques , au nom de leurs Missions , ont droit de
» nommer des Procureurs pour l'administration dudit
» Séminaire & de ses biens ; qu'eux & les autres Mis-
» sionnaires , revenus en France , ont droit au loge-
» ment, nourriture & entretien dans le Séminaire , lors
» néanmoins que ces derniers reviennent pour des rai-
» sons légitimes & avec l'attache de leurs Supérieurs
» respectifs ; que les Vicaires Apostoliques en sont
» Directeurs nés , & que les simples Missionnaires ont
» voix passive pour toutes les Charges & Dignités de
» la Maison , même celle de Supérieur , & doivent y
» être admis par préférence à tous Etrangers ; enfin ,
» que les Supérieurs & Directeurs doivent être revê-
» tus de procurations desdits sieurs Vicaires & Mis-
» sionnaires Apostoliques : déclare en outre qu'il n'a
» jamais entendu agir en sa qualité de Directeur, que
» de l'aveu & consentement desdits sieurs Vicaires &
» Missionnaires Apostoliques ; qu'en conséquence
» bien loin de s'opposer , il consent autant qu'il le

» peut, aux noms & titres par lui pris, à ce que les
» Reglemens de 1716, & confirmation d'iceux, dont
» eſt appel, ſoient déclarés abuſifs, notamment en
» tout ce qui peut bleſſer les droits des Miſſions,
» Vicaires & Miſſionnaires Apoſtoliques, qu'il vient
» d'expoſer & de reconnoître ».

Cette déclaration pouvoit, on le ſent bien, n'être pas agréable aux Directeurs, elle ne devoit pas les ſurprendre ; M. l'Evêque de Quebec, qui, malgré les ſujets de plainte qu'ils lui avoient donnés, leur a toujours marqué ſon amitié, en voyoit & en recevoit quelques-uns familiairement ; ſouvent il avoit eu occaſion, ſoit avant, ſoit depuis le Procès commencé, de leur faire connoître ſes ſentimens à cet égard, ils ſçavent combien il eſt incapable de les diſſimuler, quand le bien demande qu'il parle. Ils ne devoient donc voir dans ſa Reqûête, qu'un hommage rendu de ſa part à la vérité ; ils n'y appercevoient que le pur langage de la perſuaſion ; & s'ils ont pu croire qu'il ſe trompoit, c'étoit par des raiſons & des autorités qu'il falloit lui répondre, & non par des perſonnalités & des inſultes : tel eſt du moins le plan qu'euſſent tracé l'équité & la prudence ; l'humeur conſulte d'autres guides.

Les Directeurs n'ont pas ſçu ſe défendre de ſes impreſſions ; ils les ont fait paſſer juſque dans les Mémoires qu'ils ont fournis à l'Orateur qui leur a prêté ſon miniſtere, & s'eſt rendu l'organe de leur paſſion, quand il croyoit ne plaider que des vérités ; de-là les inculpations plus que haſardées que ceux-la ſe ſont

permiſes ;

permifes ; de-là le ton aigre & mordant qui a regné dans cette partie de leur défenfe.

M. l'Evêque de Quebec les verroit tranquillement s'applaudir feuls de cette petite vengeance ; il ne leur envie pas un triomphe fi digne d'eux , & l'unique vraifemblablement, dont ils ofent fe flatter ; mais fon filence pourroit être défavorable à la caufe des Miffionnaires : il leur doit de confirmer les vérités qu'il a atteftées, & d'élever au-deffus de tout foupçon le témoignage qu'il leur a rendu ; peut-être auffi ne fera-t-il pas inutile de faire connoître ce que les Directeurs peuvent effayer contre les abfens , par la maniere dont ils agiffent envers des perfonnes qui font à portée de les confondre ; ils ont fans doute voulu forcer M. l'ancien Evêque de Quebec à une replique ; il va la faire.

La réponfe de M. l'Evêque de Quebec fembleroit demander deux parties ; il auroit d'une part à motiver & juftifier fes déclarations, de l'autre à détruire ou à rétablir les faits controuvés contre lui, ou alterés par les Directeurs.

Il lui feroit facile d'établir fur les plus folides fon-demens , l'unité de corps, l'indivifibilité de biens entre le Séminaire & les Miffions , & les droits qu'il reconnoît dans les Vicaires & Miffionnaires Apofto-liques ; les titres, la poffeffion des Miffionnaires , les aveux des Directeurs', l'intérêt des Miffions, l'humanité, fe réuniroient pour lui en fournir des preuves invincibles.

Les titres ; il rapporteroit les Procurations données

par les premiers Vicaires & Miſſionnaires Apoſtoliques, à l'effet de former pour eux, c'eſt-à-dire pour
les Miſſions, des Etabliſſemens en France, Procurations données aux ſieurs Gazil & Poitevin, & aux
autres qui paroiſſent les premiers du côté des Directeurs; il trouveroit l'accompliſſement de ces Procurations dans l'érection du Seminaire des Miſſions,
& il en concluroit que ces Mandataires, liés par la
vertu du mandat, n'ont dû ni pu, quelqu'inten-
tion qu'on leur prête, & quelque détour qu'ils aient
pris, agir ou acquerir qu'au profit de leurs Man-
dans.

Les Directeurs ont ſenti combien cette induction
étoit preſſante; pour s'y ſouſtraire, ils demandent aux
Miſſionnaires, ſi des Procurations ſont un tirre bien
authentique pour un Etabliſſement. L'équivoque eſt
trop groſſiere. Il n'eſt pas ici queſtion de prouver
l'exiſtence légale du Séminaire, que perſonne ne con-
teſte, & qui ne peut porter en effet que ſur des Lettres Patentes; il s'agit uniquement de ſçavoir à qui
& pour qui l'on a permis d'ériger ce Séminaire;
ce qu'on ne peut mieux établir, qu'en conſtatant l'état
& la qualité de ceux qui l'ont demandé & obtenu:
or c'eſt ce que démontrent les Procurations, elles ne
nous montrent dans les ſieurs Gazil & Poitevin que
de ſimples repréſentans, & par-là elles fixent leur
ſort & celui de tous leurs ſucceſſeurs : les premiers
n'ont pu changer leur état, ni les ſeconds leur titre;
ces derniers ſucceſſeurs de Procureurs, ne ſont que Procureurs eux-mêmes; & ils nous indiquent néceſſaire-

ment, ainſi que leurs auteurs, des commettans auxquels faut toujours remonter & rapporter tout ; & par-là s'évanouit cette obſervation trop répétée par les Directeurs, que ce ne ſont ni les Miſſions ni les Miſſonnaires qu'on voit dans tous les actes ; mais qu'eſt-il beſoin de les y voir, ou plutôt ne les y voit-on pas, quand leurs Procureurs y paroiſſent ?

Si les Directeurs alleguent que le Roi dans des Lettres Patentes de 1700 & 1703 , & le Parlement dans l'enregiſtrement de ces Lettres, les ont qualifiés Adminiſtrateurs des biens des Miſſions, & Procureurs nés des Ouvriers Evangéliques ; on leur répondra que ce ſont des qualités nulles, que celles qu'on obtient en l'abſence & à l'inſçu de ceux qui ont droit & intérêt de s'y oppoſer, & qui l'ont fait dès qu'ils l'ont pu faire.

M. l'Evêque de Quebec préſenteroit enſuite les Lettres Patentes de 1663 , & par tout leur contexte il feroit voir que ce n'eſt point une maiſon iſolée que le Roi a prétendu former, mais un chef-lieu pour les Miſſions. Il demanderoit aux Directeurs, ſi le Roi, en autoriſant les ſieurs Gazil & Poitevin à ériger un Séminaire pour eux & leurs Aſſociés à l'œuvre des Miſſions, eut ou pût avoir en vue |des perſonnes inconnues, que ceux-ci avoient ſeulement intention de s'aſſocier par la ſuite à la direction dudit Séminaire, comme ils s'en expliquent eux-mêmes dans leur acte du 10 Mars 1664 ; plutôt que des Aſſociés exiſtans déja, travaillans déja aux Miſſions, & dont les impétrans n'étoient que les Procureurs, & ne ſont déſignés dans ces Lettres Patentes que fous cette qualité? Il leur demanderoit, fi le Roi voulant affurer la perpétuité des Miffions, & créant à cet effet un Séminaire, a pu vouloir que ce Séminaire fût un établiffement diftinct, féparé & indépendant des Miffions, & lui fubordonner les Miffions, qui l'avoient précédé, & pour lefquelles feules il étoit érigé.

Il leur demanderoit encore de lui montrer dans ces Lettres Patentes, la diftinction des Menfes du du Séminaire, & des Miffions, ou de lui dire de quel droit ils divifent ce que le Roi n'a point féparé.

Répondront-ils que plufieurs perfonnes, dans les legs faits à la Maifon, ont diftingué ce qu'elles vouloient être employé pour le Séminaire, de ce qu'elles deftinoient aux Miffions? On leur feroit voir l'impuiffance de ces affignats, pour établir une diftinction de Menfes, & l'abfurdité qu'il y a de leur part à ne vouloir point reconnoître pour titres, les Procurations que leur oppofent les Miffionnaires, tandis qu'on voudroit faire valoir contre eux, comme propres à produire une divifion de Menfes, des actes émanés de fimples particuliers, & dès-lors fans force à cet égard.

Diront-ils que Meffieurs les Evêques de Metellopolis & de Petrée ont eux-mêmes reconnu cette diftinction de Menfes, en uniffant, l'un le Séminaire de Siam, l'autre celui de Quebec au Séminaire de Paris; ce qui auroit été inutile fi le Séminaire & les Miffions n'euffent eu qu'une Menfe; on leur répondroit que ces deux Etabliffemens appartenoient proprement, non aux Miffions, mais aux Chrétientés de Siam & de Quebec : qu'ainſi la voie ſeule de l'union pouvoit les lier au Séminaire de Paris, quelqu'indiviſibilité de biens qu'il y eût d'ailleurs entre ce Séminaire & les Miſſions.

Diront-ils que cette union, entre le Séminaire & les Miſſions, ne peut ſe concilier avec la demande que Meſſieurs les Evêques de Berythe & de Metellopolis firent vers l'an 1676 à M. l'Evêque d'Heliopolis leur Collégue, qui étoit alors à Paris, & aux Directeurs du Séminaire de travailler à l'union de leurs Miſſions avec la Congrégation de Saint Sulpice, demande conſignée dans deux Lettres que les Directeurs produiſent. Ils devoient les produire toutes entieres, on y eût vu le motif & le ſens de cette demande ; elle n'eût pu que faire honneur au zèle de ces Evêques, ſans bleſſer le droit des Miſſions ſur le Séminaire. Les Directeurs avoient écrit dans les Indes qu'on ne s'y devoit attendre à aucun envoi de Miſſionnaire, c'eſt dans ce cas que les Vicaires Apoſtoliques demandent leur réunion à Saint Sulpice, aimant mieux renoncer à la gloire de faire un Corps ſéparé, que de voir dépérir leur œuvre par la négligence de leur Procureur de Paris ; & ce n'eſt pas ſeulement ces Miſſions qu'ils veulent unir, mais le Séminaire & tous ſes biens.

De l'examen des titres, M. l'Evêque de Quebec paſſeroit à la poſſeſſion des Miſſionnaires ; il ouvriroit les Archives, & conſulteroit l'hiſtoire des Miſſions, il montreroit que dès l'année 1663 M. l'Evêque de Berithe envoya un Miſſionnaire pour prendre ſoin, du Séminaire, en qualité de ſon Procureur, conjointement avec les autres Procureurs qu'il y avoit déja: Que M. l'Evêque d'Heliopolis revenu en France, quelques années après, vint loger au Séminaire, & y fit les fonctions de Directeur. Qu'en 1696 quatre Missionnaires furent députés des Indes pour se joindre aux Procureurs de Paris, avec pouvoir & ordre de révoquer les dernieres, s'ils refusoient de les reconnoître, & recevoir. Que ces quatre Députés, & tous les autres Envoyés des Indes en la même qualité, ont toujours été reçus à ce titre, & par cela seul, censés Directeurs du Séminaire. Si les Directeurs objectent que cette possession est depuis long-temps interrompue ; on répliquera qu'elle n'a été interrompue que par leur fait, mais qu'elle a été continuée juridiquement par les plaintes, les reproches, les réclamations, les protestations que n'ont cessé de faire les Missionnaires : & par là l'on pourra juger de la bonne foi avec laquelle les Directeurs se vantent eux - mêmes d'une possession tranquille.

Leurs propres aveux serviroient à M. l'Evêque de Quebec pour les convaincre. Sans remonter au premier tems où il n'y avoit point de Directeur, qui ne fût nommé ou approuvé par les Vicaires Apostoliques ; il leur rappelleroit la menace que firent en 1702 les sieurs Thiberge & Brisacier, deux *de leurs* célébres Prédécesseurs, *d'abandonner la conduite du Séminaire, mais en la remettant aux Missionnaires qui se trouvoient à Paris* ; il leur demanderoit si parler ainsi, c'est se croire propriétaire ou même Procureur né du Séminaire, ou si l'on peut avouer plus formellement le droit des Miffions fur le Séminaire? Ce ne feroit pas encore affez, c'eft de la bouche même des Directeurs qu'il tireroit leur propre condamnation ; il leur préfenteroit les Patentes dont ils chargent les Miffionnaires qu'ils envoyent, & où ils les difent être de leur Corps & Congrégation, enjoignant aux autres Miffionnaires de les recevoir en cette qualité : c'eft cependant aux Porteurs de ces Patentes, qu'ils ofent aujourd'hui contefter le titre de Collégue, & refufer la participation des biens de leur Maifon commune.

Que ne doit-on-pas craindre d'un pareil efprit? Un mot feroit connoître les abus du fyftême des Directeurs, & le danger dont il menace l'œuvre. Le Séminaire n'a été établi que pour les Miffions ; cependant tous les jours celles-ci fe dépeuplent d'Ouvriers Evangéliques, tandis que celui-là regorge de Directeurs furnuméraires. Ils ont fait plaider que ces furnuméraires étoient pour fuppléer à ce que l'épuifement de la plûpart d'entr'eux ne leur permettoit plus de faire ; mais leur nombre, tel qu'ils ont fçu le reftraindre par deux démiffions données à la feule bienféance, eft le même depuis long-tems ; & ils n'ont pas toujours été caducs : mais ces hommes, à qui les forces manquent pour fournir aux charges du Séminaire, s'en trouvent affez pour fe charger de fonctions étrangeres, & dans des Diocèfes éloignés. Ils gémiffent, à les entendre, fous le fardeau qui les accable, & ils fe livrent fans ceffe à des œuvres de furérogation. Quel zèle ! les Miffions pourroient le louer, fi elles n'en faifoient tous les frais, & fi elles en étoient l'objet comme elles devroient l'être. Mais on ne doit pas l'efpérer de gens attachés aux Miffions feulement par le titre, & non par l'efprit : de vrais Miffionnaires font feuls capables de s'y confacrer entierement & utilement; feuls ils font capables de bien former d'autres Miffionnaires, de leur infpirer le goût & l'efprit de leur état. L'intérêt des Miffions fe joint donc à tant d'autres titres, pour affurer aux Vicaires & Miffionnaires le droit qu'ils reclament.

Et que les Directeurs ne difent pas que les Vicaires Apoftoliques, éloignés de fix mille lieues de la France, & féparés entr'eux par de grands intervalles, ne peuvent ni exercer de fi loin la Jurifdiction qu'ils prétendent fur le Séminaire, ni pourvoir à fon adminiftration. Les Vicaires Apoftoliques n'entendent pas remplir ces devoirs par eux-mêmes & du lieu de leur réfidence, mais par des Prépofés dignes de leur confiance, & animés de leur efprit; nos ufages, nos loix & nos libertés, n'y font point contraires.

Qu'ils ne difent pas, qu'accorder aux Miffionnaires les droits qu'ils demandent, c'eft les expofer à la tentation d'abandonner les Miffions fans caufe, & de charger inutilement le Séminaire. Si les difpofitions que fentent en eux les Directeurs leur font paroître cet inconvénient comme fort à craindre, l'expérience de plus d'un fiécle eft bien capable d'en diffiper jufqu'au moindre foupçon de la part des Miffionnaires; & l'on y a d'ailleurs pourvû fuffifamment. Les Directeurs y penfent-ils eux-mêmes, & ne fentent-ils pas qu'ils fe condamnent par là? Si les Miffionnaires (di-

fent-

fent-ils) ont droit d'être reçus , demain ils feront tous à la porte du Séminaire. Quels hommes avez-vous donc envoyés dans les Miffions ? Auriez-vous caché à vos éleves les peines & les travaux qui les atten-doient dans les Indes? Ce feroit une perfidie de votre part. Les en avez-vous prévenus comme vous le de-viez ? S'ils ont tout quitté pour aller les affronter , comment ofez-vous, non-feulement les foupçonner mais les accufer formellement de n'attendre que le moment de trahir leur miniftère ? Ils pouvoient, auffi-bien que vous, fe promettre des établiffemens en France ; ils ont eu la force d'y renoncer , ils ont fa-crifié toutes leurs efpérances; vous avez été & vous êtes encore les Témoins de leur zèle , & vous venez les fletrir , à la face des Tribunaux , par l'affertion la plus injufte & la plus téméraire !

Les Directeurs diront peut-être, que deux Commif-faires choifis pour Arbitres ont décidé l'affaire en 1751 , débouté les Miffionnaires , & maintenu les Directeurs. Mais ce Jugement rendu fur de fimples fins de non-recevoir , par des Arbitres nommés par des Parties , qui n'avoient aucun pouvoir de le faire ; Ce Jugement rendu par des Arbitres fur une queftion qui intéreffoit l'Etat , non de quelques particuliers , mais d'un Corps entier , & qui par-là fe réfufoit à l'arbitrage ; Ce Jugement rendu fans l'intervention du Miniftere public , dont la nature même de la Caufe follicitoit & exigeoit le concours ; Ce Jugement , dont l'un de fes auteurs a marqué fon regret , ne fçau-roit prouver en faveur des Directeurs que leurs in-trigues.

C

Enfin, indépendamment de tous ces titres & de tous ces motifs, M. l'Evêque de Quebec en appelleroit à l'humanité, & fon cri ne feroit pas équivoque. Quel homme pourroit voir fans indignation un Miffionnaire épuifé de travaux, ramené en France par la perfécution ou par fes befoins, languir triftement à la porte de la Maifon qui l'auroit envoyé, dirige dans les Miffions, tandis que de paifibles Directeurs y trouveroient abondamment toutes les douceurs de la vie ? Nous ne le fouffrirons pas, répondront les Directeurs. On l'a vû cependant. Et pourquoi plaident-ils donc, pourquoi n'offrir à ces Miffionnaires qu'à titre d'aumônes, ce qu'ils ont mérité à fi jufte droit ?

En employant ici le terme d'aumône, on ne fait que rendre au naturel la penfée des Directeurs, ils ont fait plaider, le 17 Août, qu'on devoit regarder le Séminaire comme une Fabrique, les Directeurs comme Marguilliers, & les Miffionnaires comme les pauvres de la Paroiffe ; cette idée leur a paru fi heureufe qu'ils ont cru devoir la repeter plufieurs fois. Qu'ils fe trompent fi par-là ils ont efperé d'humilier les Miffionnaires ! Non, ces dignes Miniftres d'un Dieu pauvre ne rougiffent point de la pauvreté, ils s'en font honneur, leur gloire c'eft d'avoir tout abandonné pour fuivre Jefus-Chrift & le prêcher ; à Dieu ne plaife qu'ils s'offenfent d'un tel reproche ! mais étoit-ce aux Directeurs, qui ne font que leurs Procureurs, de le leur faire ? ont-ils efperé de pouvoir s'en prévaloir avec fuccès contre eux, & de trouver dans le détachement des Miſſionnaires, un titre pour dépouiller les Miſſions? Ces Miſſionnaires peuvent-ils demeurer inſenſibles, quand ils voyent les biens deſtinés à fournir des Apô- tres à l'Inde, convertis à d'autres uſages.

A quel degré d'évidence ces moyens que M. l'E- vêque de Quebec n'a fait que montrer rapidement, & tant d'autres qu'il n'a pas même annoncés, ne pour- roient-ils pas élever les vérités qu'il a reconnues dans ſa requête, s'ils étoient développés dans une juſte étendue. Mais cette partie de ſa réponſe devien- droit ſuperflue, deux Défenſeurs habiles ſont char- gés de la Cauſe des Miſſionnaires; l'un d'eux, * a déja ſaiſi & mis dans tout leur jour ces moyens, avec une force, un intérêt, un ſentiment, que la vérité ſeule inſpire à ceux qui l'aiment; l'autre, ** avec cette éloquence mâle, cette ſolidité de raiſon- nement, & [on a lieu de l'eſpérer,] avec les ſuccès qui lui ſont ordinaires, fera bientôt triompher les droits des Miſſions des brillans ſophiſmes de leurs Adverſaires, & diſſipera ſans peine les ombres dont ils ont voulu les envelopper. Il ne reſte à cet égard à M. l'Evêque de Quebec, que de s'en rapporter à leur zèle; & de ſe repoſer avec confiance ſur les lumie- res, l'équité & l'amour pour la religion du Tribunal auguſte qui va prononcer.

Il eſt tems pour lui d'entrer dans la diſcuſſion des faits qui le concernent, & que les Directeurs ont fait plaider pour la plûpart ſans aucune utilité pour leur Cauſe; mais c'eſt le moindre reproche qu'on ait à leur faire à ce ſujet. Ces faits peuvent ſe réduire à

* M. Bon- toux.

** M. Doil- lot.

quatre Chefs. Un point d'adminiſtration, dont on veut rendre M. l'Evêque de Quebec garant ; Sa reception en qualité de Directeur, qu'on préſente comme une grace qu'on lui a faite ; La reconnoiſſance que les Directeurs lui ont paſſée en 1737, de cette qualité & de ſes droits, & qu'ils traitent aujourd'hui de déférence à ſon égard ; enfin, l'excluſion de fait qu'ils lui ont donnée en 1746, ſous le prétexte le plus frivole, & dont ils ont voulu faire parade.

On va les ſuivre dans toutes ces allégations.

L'on nous reproche, [diſoit-on pour les Directeurs à l'Audience du 3 Août] d'avoir contracté des dettes : Le nouveau bâtiment du Séminaire les a occaſionnées ; Mais ce bâtiment n'a été entrepris que ſur les repréſentations & inſtances de M. l'Evêque de Quebec ; Il avoit même promis de contribuer par quelque libéralité à la conſtruction de cet édifice, & il étoit bien en état de le faire, cependant il n'a rien donné, ajoutoit-t-on, & ce n'eſt pas par reproche qu'on le dit. Cet expoſé eſt abſolument faux dans les deux premieres parties.

Avant de le prouver, on obſervera que ſi ce nouveau bâtiment a occaſionné des dettes, elles ont été peu conſidérables, & n'ont point attiré aux Directeurs le juſte reproche qu'on leur a fait. On pourroit leur citer d'autres bâtimens entrepris depuis, ſans utilité, & au détriment de la Maiſon. D'ailleurs, ils avoient parmi eux, pour diriger le premier, un homme intelligent, & ſur-tout zèlé pour le bien des Miſſions ; cet avantage leur a depuis manqué, voilà ce qui les a oberés.

Pour ce qui eſt de M. l'Evêque de Quebec, il ne ſe rappelle point ſi dans le ſéjour qu'il fit au Séminaire, lorſqu'il y revint de Rome en 1728, pour ſe diſpoſer à partir l'année ſuivante pour le Canada, il fut délibéré dans les Aſſemblées auxquelles il aſſiſta, ſur le bâtiment qu'on alloit faire, & s'il y donna ſon conſentement. Mais il eſt bien ſûr de n'avoir fait aucune demande, & encore moins de ſollicitations à cet égard; il n'y avoit point d'intérêt perſonnel. Partant pour Quebec & ne comptant plus en revenir, que lui importoit que les Directeurs fuſſent mieux ou moins bien logés? Il eſt encore de fait que le projet de ce bâtiment étoit formé, & qu'il en trouva les matériaux préparés à ſon arrivée de Rome; quelle influence peut-il donc y avoir eue? Il eſt auſſi certain que jamais il n'a rien promis pour cette conſtruction. Les dépenſes qu'il avoit à faire pour ſon établiſſement à Quebec, & pour les beſoins de ce vaſte Diocèſe, en ôtent juſqu'à la vraiſemblance. Cette promeſſe n'eſt qu'une fauſſeté, les Directeurs le reconnoiſſent aujourd'hui, & ſe défendent d'avoir chargé leur Avocat de la plaider; de maniere qu'on ne ſçauroit à qui en attribuer l'invention, ſi cet Avocat n'étoit trop connu pour incapable de plaider de lui-même un fait que les Parties ne lui auroient point adminiſtré. Eût-elle été réelle (cette promeſſe,) mille accidens imprévûs, & ſur-tout la conduite des Directeurs, en auroient ſuffiſamment déchargé M. l'Evêque de Quebec. A la bonne heure donc, que les Directeurs ne diſent point par reproche, qu'il ne leur a rien donné pour cet objet. Il ne leur avoit rien promis, & ils n'ont rien fait pour l'y déterminer. Mais ils auroient pû dire par reconnoiſſance, eux qui ont fait ſonner ſi haut l'abandon qu'ils font de leurs honoraires, ils auroient pû dire, que M. l'Evêque de Quebec, non-ſeulement n'a jamais reçu d'honoraires, mais a tou-jours payé ſa penſion & ſon logement au Séminaire, ſur le pied que les payent les Évêques Etrangers, ou fait faire ſa cuiſine à ſes dépens & au profit de la Maiſon; Ils auroient pû dire, qu'envoyé à Rome en qua-lité de Procureur Général des Miſſions, au lieu que ſes Prédéceſſeurs avoient porté en compte ſur le Sé-minaire environ 4000 liv. par an de dépenſes, il en a pris tous les frais ſur lui, il a encore une Lettre où on le remercie de cette généroſité; les Directeurs pou-voient dire qu'il avoit fait rébâtir à ſes dépens une aîle de leur Séminaire de Quebec qui avoit été brûlée; ils pouvoient dire qu'en partant de Quebec, il leur avoit fait don d'une maiſon de campagne bien bâtie, & d'un enclos aſſez conſidérable, où il avoit fait beaucoup de dépenſes. Mais auſſi comment concilier ces ſervi-ces & ces bienfaits avec l'injuſtice & l'ingratitude dont ils ont uſé à ſon égard? Le contraſte eût été trop frappant: les Directeurs ont mieux aimé ſe taire.

Ils viennent enſuite à la reception de M. l'Evêque de Quebec, & font plaider que M. Doſquet ayant paſſé deux ans à Montréal en Canada, dans une mai-ſon de ſaint Sulpice, revint en France, & fut reçu Directeur du Séminaire, auquel il n'avoit point de ti-tre, & pour lequel il n'avoit rien fait. On pourroit leur demander, Quel titre avoient donc au Séminaire, & ce qu'avoient fait pour lui, lorsqu'ils y ont été reçus, ces nombreux Directeurs, dont on a justifié la nécessité d'une maniere si singuliere dans l'Audience du 3 Août? Mais s'il faut des titres & des services pour aspirer à la qualité de Directeur, les titres les plus légitimes l'ont fait offrir à M. l'Evêque de Quebec.

Rappellé de Montreal par l'épuisement de sa santé, M. l'Evêque de Quebec, qui n'étoit encore que Prêtre, commençoit à peine à reprendre des forces : Que M. le Pelletier, Abbé de Saint Aubin, & Supérieur de Saint Sulpice, à qui on venoit d'offrir de réunir à sa Congrégation celle des Missions, & qui n'avoit pas jugé à propos de l'accepter, l'engagea de travailler à rétablir & à renouveller la derniere. M. l'Evêque de Quebec s'y livra avec empressement ; pendant deux ans environ, il alloit trois ou quatre jours de la semaine, se renfermer trois ou quatre heures avec les sieurs Thiberge & Brisacier, alors seuls Directeurs du Séminaire, pour concerter les moyens de le relever. Ses soins ne furent pas inutiles ; la Maison reprit son ancien éclat, il y fit rappeller des Directeurs exclus, en fit recevoir de nouveaux ; on le pria d'en accepter la qualité ; il y consentit : & fut bientôt après nommé pour aller, comme Procureur Général des Vicaires Apostoliques à Rome, rendre aux Missions en cette Cour, fort prévenue contr'elles, le même service qu'il venoit de leur rendre à Paris, & il y réussit.

Il n'a pas dit, comme l'ont fait plaider les Directeurs, qu'il fut nommé par les Vicaires Apoftoliques, mais qu'il n'avoit entendu agir que de leur confentement; la correfpondance, la confiance, qui ont régné entr'eux, montrent qu'il ne s'écarta point de fon projet.

De cette époque, les Directeurs paffent à la difficulté qu'en 1736 ils firent à M. l'Evêque de Quebec de le reconnoître pour Directeur ; ils lui repréfenterent, difent-ils, que fa qualité d'Evêque répugnoit à celle de Directeur ; ils confulterent trois célébres Avocats, & leur avis fut totalement contraire à fes prétentions. Cependant ils voulurent bien , par déférence, le reconnoître pour Directeur, mais fans tirer à conféquence pour d'autres. Ces faits ont befoin d'être éclaircis.

Les Directeurs lui firent, il eft vrai, la repréfentation dont ils parlent ; mais il eft vrai auffi, que les abfurdités qu'elle renfermoit, les frapperent eux-mêmes, & les forcerent fans doute à le reconnoître capitulairement.

En effet, les Directeurs ont fouvent avoué que les Vicaires Apoftoliques font Directeurs nés du Séminaire , & peuvent en faire les fonctions quand ils fe trouvent à Paris. Ce qui eft fouvent arrivé. Il n'y a donc point, felon eux, & felon tout homme fenfé, il ne fçauroit y avoir d'incompatibilité entre l'Epifcopat & la Direction du Séminaire des Miffions , l'un ne peut qu'honorer l'autre.

D'ailleurs, M. l'Evêque de Quebec, felon l'ufage de la Maifon, n'avoit accepté fa promotion que du

confentement

consentement de ses Collegues, sur l'avis qu'il leur donna du dessein qu'en avoit le Pape ; le sieur Brisacier répondant au nom de tous, lui marque la satisfaction qu'ils en ont, & le prie de représenter en leur nom, au Saint Pere, qu'ils esperent que cette nouvelle dignité ne fera que resserrer les liens qui l'unissoient (M. l'Evêque de Quebec) aux Missions, en le mettant en état de leur rendre plus de services ; aussi depuis ce temps M. l'Evêque de Quebec continua-t-il d'être regardé comme Directeur du Séminaire, & en fit les fonctions lorsqu'il s'y trouva, sans aucune contradiction. Le sieur Brisacier vouloit même lui déférer les honneurs de la Supériorité.

Il y revint en 1728 comme nous l'avons dit, (il étoit alors Coadjuteur de Quebec) ce n'est que dans ce temps qu'il auroit pu presser la construction du bâtiment dont on a parlé, il faut bien que pour cette fois les Directeurs l'avouent pour Directeur lui-même.

Il y revint en 1732, & fut encore reçu sans résistance, assista aux Assemblées : si quelquefois il ne signa pas les Délibérations, c'étoit pour mettre fin aux disputes de politesse qu'il avoit toujours avec M. Brisacier pour la préféance. Cette seconde fois il étoit Titulaire de Quebec.

Ce ne fut qu'en 1736, que les Directeurs, sçachant que sa santé ne lui permettoit plus de retourner à son Diocèse, ces Directeurs, à qui il venoit de donner une nouvelle marque de son affection pour les Missions, par le don de sa maison de campagne, ces Directeurs qui l'avoient vu revenir plusieurs fois parmi eux, &

qui lui devoient prefque tous leur entrée au Séminaire, s'aviferent de lui difputer fa qualité de Directeur, & lui oppoferent celle d'Evêque : On vient de voir combien peu cette objection étoit fondée.

On peut dire la même chofe de la Confultation qu'ils y joignent. Ce n'eft pas qu'on veuille donner la moindre atteinte aux talens, aux lumieres des trois Jurifconfultes qu'ils citent, mais les lumieres & les talens ne mettent pas à l'abri de la furprife ; pour arracher à l'Avocat le plus habile & même le plus integre, la plus injufte décifion, il fuffit de lui diffimuler les faits & cacher les titres. Et la hardieffe, pour ne rien dire de plus, avec laquelle les Directeurs viennent de faire plaider les fauffetés les plus palpables, montre affez quel fonds on doit faire fur leurs Mémoires à confulter, & les Confultations qui les ont fuivis.

A cette Confultation, M. l'Evêque de Quebec pourroit en oppofer une de Me le Merre, qui n'a pas eu moins de réputation que les autres, fur-tout pour les matieres bénéficiales, & qui a été depuis l'Avocat des Directeurs, Qui a perfifté dans fon avis, après avoir examiné le Mémoire contradictoire des Directeurs, & qui offrit à M. l'Evêque de Quebec de faire foufcrire fa Confultation par tous les Avocats de Paris, même par ceux confultés par les Directeurs, & qui avoient été trompés par eux (ajouta-t-il) ; il travailloit alors avec M. Noüet, l'un de ces Avocats confultés.

M. Fuet, alors Avocat des Directeurs, & qui en

cette qualité refufa à M. l'Evêque de Quebec de confulter pour lui, fur ce que celui-ci lui repréfenta, qu'il ne demandoit pas fon avis pour s'en fervir contre les Directeurs, mais pour en faire fa regle, & fe défifter de fes prétentions, s'il ne les trouvoit pas fondées : Monfeigneur, lui dit alors ce Jurifconfulte, touché de tant de franchife, je fuis donc obligé de vous dire, que je ne conçois pas la conduite des Directeurs, elle choque toute juftice & toute bienféance, je ne vois en eux qu'une ambition aveugle.

Qu'on juge après cela du prix qu'il faut mettre à la déférence que les Directeurs fe vantent d'avoir eue pour M. l'Evêque de Quebec, en le reconnoiffant capitulairement pour Directeur. Le fieur Decombes, alors Supérieur, n'en jugeoit pas ainfi ; il écrivoit peu de jours après à M. l'Evêque de Quebec, qu'il avoit préfenté à l'Affemblée un projet d'acte plus conforme à ce qu'il pouvoit attendre ; qu'on n'avoit pas voulu l'adopter ; *qu'il étoit*, non pas furpris, *mais bien mortifié* que celui qui avoit paffé ne fût pas de fon goût.

M. l'Evêque de Quebec n'avoit donc été reçu Directeur, qu'après des fervices réels, il y avoit ajouté des bienfaits nombreux, il avoit été reconnu capitulairement Directeur ; & cependant on lui refufe l'entrée de la Maifon : & voici comment les Directeurs expofent le fait.

M. l'Evêque de Quebec étant encore revenu après dix ans d'abfence, pour cette fois (difent-ils) on ne voulut avoir aucun égard à fa demande. Il y a encore ici fauffeté dans le fait, & mauvaife foi dans la raifon dont on veut le couvrir.

Il n'eſt pas cependant hors de propos d'obſerver, pour marquer la déférence des Directeurs pour M. l'Evêque de Quebec, que ce fut le ſieur Lalane, aujourd'hui Supérieur du Séminaire, & qui autrefois avoit été ſous la conduite de M. l'Evêque de Quebec, que l'on choiſit pour aller notifier à Senlis, à ce Prélat, le refus que faiſoient les Directeurs de le recevoir. Il eſt vrai que le ſieur Lalane frappé des raiſons & des droits que M. l'Evêque de Quebec lui expoſa, répondit qu'il n'avoit pas connoiſſance de ces choſes, (les Directeurs ſeroient ſouvent dans le cas d'un pareil aveu) & demanda quatre heures pour aller en informer ſes Collégues, dans les eſprits deſquels il ſe flattoit de porter la même conviction dont le ſien venoit d'être ſaiſi. Mais qu'il connoiſſoit mal ſes Collégues ! M. l'Evêque de Quebec arriva ſur les onze heures du matin, & trouva toutes les portes fermées, & les cordons des ſonnettes tirés, comme ſi l'on eût appréhendé quelque ſurpriſe ou quelque violence dans cette maiſon, de la part d'un Prélat, qui en avoit été le reſtaurateur, le ſoutien & le bienfaiteur. M. l'Evêque de Quebec ne put donc ſe faire ouvrir les portes : Eh ! qui trouva-t-il à la tête de cette expédition ? Le ſieur Collet, que M. l'Evêque de Quebec n'étoit venu qu'à peine à bout d'y faire recevoir. Il ſe vit donc interdire, par voie de fait, l'entrée d'une Maiſon qui lui devoit en quelque ſorte ſa conſervation, & par ceux que lui-même y avoit placés. Qu'on juge maintenant juſqu'où les Directeurs ſçavent pouſſer les égards.

Mais il avoit été abſent pendant dix ans, diſent les Directeurs. D'abord, ſi cette raiſon vous paroiſſoit peremptoire contre M. l'Evêque de Quebec, pourquoi ramaſſer cet amas de fauſſes imputations, qui ne peut que rendre votre conduite à ſon égard plus odieuſe, au lieu de la juſtifier? C'eſt, dites-vous, que de la part de nos Adverſaires, on avoit fait les plus grands éloges, des ſervices rendus aux Miſſions par M. l'Evêque de Quebec; & cet endroit avoit paru faire impreſſion ſur le Public, on le conçoit bien; mais étoit-ce pour vous une raiſon de nier ou d'affoiblir ces ſervices & ces bienfaits, s'ils étoient réels? Eſt-ce par une nouvelle injuſtice que vous prétendez vous purger des anciennes? Que ne diſiez-vous que M. l'Eveſque de Quebec avoit, il eſt vrai, conſacré ſes veilles & employé une partie de ſes biens pour les Miſſions, qu'elles lui devoient preſque tout; mais que dix ans d'abſence avoient effacé tous ces ſervices, avoient diſpenſé le Séminaire, ou lui avoient interdit de marquer ſa reconnoiſſance à M. l'Eveſque de Quebec, ou plûtôt de rendre juſtice à ſes droits? Il y auroit un reproche de moins à vous faire. Il faudroit pourtant ajouter, les Directeurs le ſçavent, & toute la conduite de M. l'Evêque de Quebec l'a fait aſſez connoître, que c'étoit pour l'avantage ſeul du Séminaire qu'il reclamoit ſes droits.

Mais comment les Directeurs oſent-ils alléguer contre M. l'Evêque de Quebec cette abſence de dix ans? On ne leur dira pas que de la date de leur reconnoiſſance à celle de l'excluſion, à peine y a-t-il neuf ans, ce ne feroit rien contre les Directeurs; on ne leur dira pas que la prudence même avoit engagé M. l'Evêque de Quebec à laiffer à la fermentation qu'il avoit vû parmi eux en 1736, le tems de fe calmer; on leur dira que l'année même où M. l'Evêque de Quebec a été exclu, 5 à 6 mois avant cette exclufion, il eft venu loger, & a été reçu au Séminaire; la plûpart d'entr'eux l'y ont vû, & n'oferont le nier. Diront-ils qu'il n'a point affifté aux Affemblées pendant ce féjour? Deux des Directeurs actuels n'y ont pas affifté depuis plus de deux ans, parce qu'ils les dédaignent, & n'en font pas moins cenfés Directeurs.

M. l'Evêque de Quebec eût-il même été abfent pendant dix ans, ils n'en pourroient rien conclure contre lui : y a-t-il un article du Réglement qu'ils invoquent, qui déclare déchu de fon droit le Directeur qui fe fera abfenté pendant dix ans, s'il ne l'a fait que pour bonnes caufes, & fi pendant ce tems il n'a reçu de fes Collegues, ni fommation ni même invitation de fe rendre. Les Directeurs viennent de recevoir en cette qualité, un Curé du Diocèfe d'Embrun, abfent depuis 8 ans au moins.

Ce n'eft donc pas le caractere Epifcopal, ce n'eft pas l'abfence de dix ans qui ont d'abord fait contefter & refufer enfuite à M. l'Evêque de Quebec la qualité de Directeur & l'entrée au Séminaire. Mais quel autre motif auroit pû faire écarter de la Maifon un Evêque, qui, fans lui être à charge, lui avoit autrefois rendu, & pouvoit lui rendre encore tant de Services?

Ne feroit-ce pas dans ces fervices mêmes qu’on trouveroit ce motif? Les Directeur avoient appris que M. l’Ev.
de Quebec avoit autrefois ramené l’ordre, la régle &
la paix dans le Séminaire, qu’il avoit fait démettre
de la Supériorité un Directeur qui s’y maintenoit
contre les régles; ce qui méritoit toute leur recon-
noiffance; n’a-t-il point occafionné leurs allarmes?
La crainte d’un Cenfeur incommode, n’a-t-elle point
fait oublier les égards dûs à un bienfaiteur, à un Colle-
que? Quoiqu’il en foit, M. l’Evêque de Quebec mé-
prifa dans le tems, la pourfuite de ces injures perfon-
nelles; il eft trop au-deffus de pareilles attaques. Une
voie de fait n’a pû lui enlever le titre & la qualité de
Directeur dont il étoit revêtu, ou n’en a point employé de juridique pour l’en priver, il les conferve
donc, & fous ce point de vue il pourroit aller jufqu’à attaquer la nomination de ceux, qui, depuis fon
retour, ont été choifis & élus Directeurs, fans fa participation, & fans qu’au moins il ait été appellé aux
affemblées tenues à cet effet; cette prétention qui feroit une conféquence néceffaire du droit qu’il conferve au titre de Directeur, diminueroit fans doute
le nombre des Adverfaires des Miffionnaires. Mais
des vues qu’il a déja expliquées, lui font fufpendre l’e-
xercice de fes droits & prétentions perfonnels; il ne
s’eft même livré qu’à regret au détail qu’on vient de lire;
que ne lui a-t-il été poffible de continuer de taire ce qu’il
a tenu fi longtems fecret! Mais pouvoit-il laiffer fub-
fifter les inculpations indirectes par lefquelles les Directeurs ont fans doute efpéré d’ébranler le témoi-

gnage qu'il s'étoit fait un devoir de rendre aux droits des Missionnaires , par les conclusions qu'il a prises dans la Cause.

Monsieur SEGUIER, *Avocat Général.*

MARESCHAL, Proc,

A PARIS , chez P. G. SIMON , Imprimeur du Parlement, rue de la Harpe, à l'Hercule, 1764.

www.ingramcontent.com/pod-product-compliance
Ingram Content Group UK Ltd.
Pitfield, Milton Keynes, MK11 3LW, UK
UKHW021631130726
13696UKWH00005B/2119